LA BANQUEROUTE

DES

LIBÉRAUX

LA BANQUEROUTE

DES

LIBÉRAUX

ET

LE SALUT

DANS

LA MONARCHIE CHRÉTIENNE

PAR

J.-M.-N. MARTIN

Docteur en Médecine

CHEVALIER DE LA LÉGION-D'HONNEUR

DINAN

IMPRIMERIE BAZOUGE, RUE DE L'HORLOGE.

LA BANQUEROUTE

DES

LIBÉRAUX

La France, menacée par le radicalisme d'un côté, par le césarisme de l'autre, marche rapidement à sa perte.

Pendant que la vérité est encore tolérée et qu'il est permis aux royalistes catholiques d'affirmer leur foi politique et religieuse, en vertu d'un droit garanti par la Constitution elle-même, je me fais un devoir, comme Catholique et comme Français, de montrer qu'en dehors de la Monarchie chrétienne, il n'y a pour la France que périls, car, dès demain peut-être, en vertu du principe de la liberté illimitée de la presse, les républicains, comme toujours, ne laisseront plus à leurs contradicteurs que le silence.

Je veux d'abord présenter quelques considérations sur la principale cause de sa décadence, qui est aussi le plus grand obstacle à sa régénération, *le Libéralisme*, doctrine condamnée par la raison et l'expérience, cent fois flétrie par l'immortel Pie IX, doctrine qu'un amiral étranger a nommée *la prostitution de la liberté*, et qu'un grand évêque a si justement appelée *l'erreur universelle*, parce qu'en effet, elle s'attaque à toutes les vérités.

DE LA LIBERTÉ.

Pour bien faire comprendre l'erreur et les dangers du Libéralisme, il est nécessaire de donner d'abord une notion exacte de *la Liberté*, cette chose sacrée et inviolable, que le Christ, le vrai Libérateur de l'humanité, nous a conservée au prix de son sang, et que personne n'estime plus que le chrétien catholique.

Aujourd'hui encore, quand, nous inspirant auprès de notre vénéré Pontife, nous luttons pour soustraire notre chère patrie aux séductions des Libéraux, nous luttons aussi, comme nous le montrerons bientôt, pour défendre les droits imprescriptibles de la raison, de son objet, la vérité, qui seule peut donner la liberté, suivant la parole de saint Paul : *Veritas vos libe- rabit : la vérité vous rendra libres.*

La liberté est tout à la fois la chose la moins connue et celle dont on parle le plus aujourd'hui. Nous l'étudierons : 1° dans son sujet ; 2° dans son guide ; 3° dans son objet ; 4° dans ses moyens.

SUJET DE LA LIBERTÉ.

1°. Le sujet de la liberté est bien évidemment la volonté, d'où naît la faculté de se déterminer, qui constitue *le libre arbitre*. Mon libre arbitre consistant dans la faculté de vouloir est absolu, car il n'y a au monde aucune puissance capable de m'empêcher de vouloir.

GUIDE DE LA LIBERTÉ.

2°. La faculté de se déterminer, ou le libre arbitre, serait le plus triste présent fait à l'homme, si Dieu ne lui avait donné en même temps une lumière pour éclairer son âme et pour diriger ses actes. Aussi trouvons-nous dans l'âme humaine, suivant la belle comparaison de Fénélon, un soleil qui l'éclaire beaucoup mieux que le soleil visible *n'éclaire les corps.* Ce soleil, c'est la raison, qui est dans l'âme humaine comme un reflet de la lumière divine, ainsi que la définit saint Thomas.

Ainsi l'homme n'est pas seulement un être qui veut, c'est essentiellement un être raisonnable. Agir en homme libre n'est donc pas agir à sa fantaisie, sans motifs : agir en homme libre, c'est suivre la raison. Le fou, en effet, qui a perdu la raison, n'est plus un homme libre, et personne ne pensera à le rendre responsable de ses actes. Dans la liberté est donc essentiellement renfermée une idée de raison. Nous verrons bientôt que l'erreur fondamentale des Libéraux consiste précisément en ce qu'ils ne font pas entrer l'idée de raison dans leur notion de la liberté.

DE LA RAISON.

La raison étant le guide des actes libres, disons quelques mots de sa nature, de son étendue, de ses limites.

D'abord, nous venons de dire que la raison est une

lumière ; elle ne peut donc nous tromper. Mais l'homme qui possède cette lumière peut néanmoins se tromper, soit qu'il ne la suive pas, soit qu'il porte ses investigations au-delà de la sphère où cette lumière peut éclairer, soit qu'elle soit obscurcie par les ténèbres du mal. La raison humaine, en effet, est finie. Elle ne peut donc envoyer la lumière que dans une sphère limitée, en dehors de laquelle il n'y a plus pour l'intelligence que la nuit. Elle est néanmoins assez puissante pour éclairer nos perceptions et diriger nos actes. C'est elle qui porte dans notre âme la vision nette que nous appelons *évidence*, d'où naît *la certitude*.

Entre la sphère où la raison éclaire complètement et celle où elle n'éclaire plus, existe une sphère intermédiaire où elle envoie quelques rayons de moins en moins intenses, à mesure qu'on s'en éloigne. Dans ces sphères éloignées, l'âme voit confusément les objets ; elle ne peut y acquérir que des *probabilités* plus ou moins grandes. Ces probabilités sont encore des connaissances légitimes. L'homme peut donc se conduire d'après ces probabilités, mais avec la prudence qu'exigent des connaissances incomplètes. L'homme peut encore se tromper, même dans la sphère ordinaire de son activité, lorsque sa raison est obscurcie par les ténèbres du mal. Personne ne contestera, en effet, que le mal du corps ou la maladie, le mal du cœur ou la haine, le mal de l'esprit ou l'erreur, le remords qu'entraîne l'action mauvaise, ne soient des motifs d'obscurcissement pour la raison.

Par contre, la santé du corps, la pureté du cœur, la

droiture de l'esprit, la paix de la conscience, sont les conditions favorables pour arriver à la vérité. Mais l'observation, d'accord avec la foi catholique, nous montre l'homme naissant dans un état de déchéance. Ainsi l'homme est tout entier malade dès sa naissance, comme le disait Hippocrate dans sa lettre à Damagète : *Totus homo ab ipso ortu morbus est.* L'homme en naissant est blessé dans toutes ses facultés naturelles : *Vulneratus in naturalibus.* C'est ce qui explique pourquoi la raison , déjà limitée par sa nature, est encore obscurcie dès la naissance par les ténèbres du mal. D'ailleurs, tous les philosophes, tous les physiologistes et tous les médecins ont constaté que tout désordre dans une faculté de l'homme entraîne aussi des désordres dans ses autres facultés. Ce fait , bien établi par l'observation, est la conséquence nécessaire de l'unité de l'âme humaine.

Si la puissance de la raison est diminuée par les ténèbres que répand autour le péché , elle est augmentée par la grâce que Dieu accorde toujours en surabondance aux âmes dociles et fidèles. La foi que donne la grâce n'est point, en effet, contraire à la raison, c'est comme celle-ci une lumière qui, en s'y ajoutant, en centuple la puissance. Le guide de nos actes sera donc *la raison éclairée par la foi.*

OBJET DE LA LIBERTÉ.

3°. La raison conduisant au bien , l'objet de la liberté sera aussi *le bien.* Dans le bien seul, en effet, l'homme trouvera la liberté. Il trouvera la liberté dans la santé, qui est le bien du corps ; dans la charité et dans l'amour, qui sont les biens du cœur ; dans la vérité, qui est le bien de l'esprit ; dans la pratique du bien, qui est l'objet de son activité. En un mot, l'homme ne trouvera la liberté qu'en servant la vérité, qui est Dieu, suivant la belle expression de la Sainte Ecriture : *Servir Dieu, c'est régner*. Le seul homme véritablement libre et digne de l'être est ainsi celui qui reste inébranlablement posé dans la voie de la justice. Il ne faut donc pas confondre la liberté avec l'indépéndance. L'homme, créé par Dieu, a été posé dans le devoir. Il ne peut donc prétendre être indépendant ni de Dieu ni des lois éternelles de la vérité et de la justice.

La vérité est la souveraine maîtresse de nos intelligences, comme le bien doit être la seule aspiration de notre cœur. L'histoire, d'accord avec la philosophie, nous montre aussi que tous ceux qui ont voulu se rendre indépendants de Dieu, ont toujours été esclaves, esclaves de leurs passions, en attendant de devenir les valets du premier maître venu qui consent à les satisfaire.

Le crime de la Révolution française a consisté à vouloir poser dans le droit l'homme, par sa nature placé dans le devoir ; à créer une société indépendante de Dieu ; à mettre la Déclaration des *Droits de l'homme* à la place des *Droits de Dieu*, de l'Evangile, à fonder *l'Etat athée*.

Or, les hommes de la Révolution n'ont réussi à fonder que la plus sanglante anarchie, suivie du plus sanglant des despotismes. De plus, nous avons pu

voir tous ces farouches apôtres des immortels principes, — je parle de ceux qui n'ont pas laissé leur
tête sur l'échafaud, — devenir les plus abjects courtisans de César, lorsque celui-ci daignait s'en servir.
Le principe de la Révolution française est donc détes-
table, et tout peuple qui en fera l'essai, en mourra.

L'homme le plus vertueux, voilà aussi l'homme le
plus libre. Il n'y a donc qu'un moyen de rendre libre
un individu, un peuple, c'est la vertu, c'est le bien.
Ainsi là où règne la justice, là seulement règne la
liberté : *ubi spiritus Domini, ibi libertas.*

Pour fonder la liberté, il ne suffit donc pas, comme
les uns, d'en écrire le mot dans nos Constitutions,
ou, comme d'autres, de le graver sur la pierre
de nos monuments. L'histoire nous montre que les
premiers ne sont que des tyrans qui, arrivés au pouvoir, ne gouvernent qu'avec des lois d'exception ; les
autres, ce sont les assassins et les incendiaires.

Quelle triste illusion de croire que les Constitutions
politiques sont capables de donner la liberté à un
pays ! Pour fonder la liberté dans un pays, il faut
d'abord graver dans le cœur de tous l'amour du
devoir. La religion seule, en rendant sacrée l'idée du
devoir, est capable d'opérer ce bienfait. Le vrai Libérateur des hommes et des peuples, c'est Jésus-Christ :
sa religion a sauvé le monde ; en lui apportant la
vérité, elle lui a aussi assuré les bienfaits de la vraie
liberté.

Les nations qui ne connaissent pas la loi seront
jugées sans la loi ; les nations qui connaissent la loi
seront jugées par la loi, dit saint Paul. La France,

cette nation bénie de Dieu, la fille aînée de son Eglise, a le bonheur de posséder la vraie loi, la loi catholique ! Ce sera d'après cette loi qu'elle sera jugée. C'est ce qui explique pourquoi sa destinée est si étroitement liée à celle de l'Eglise catholique. La France et l'Eglise ont aussi les mêmes ennemis, les révolutionnaires ; les mêmes traîtres, les Libéraux. Si donc vous voulez fonder la liberté en France, commencez par la donner pleine et entière à l'Eglise catholique, interprète divinement inspirée de la religion de Jésus-Christ. Rendez-lui ce droit donné par Dieu lui-même, et ainsi imprescriptible, d'enseigner à tous les degrés. La liberté que la France accordera à l'Eglise, l'Eglise la rendra au centuple. Que penser alors des hommes politiques qui mettent des entraves à la liberté de l'Eglise ? Croient-ils pouvoir fonder une France libre sans le respect des droits de Dieu et de l'Eglise catholique ? Mais ils ne réussiront qu'à fonder la plus dégradante anarchie.

La religion seule, en sanctifiant l'idée du devoir, pourra donner à la France cette liberté, que toutes les lois faites en dehors d'elle seront impuissantes à fonder. En formant des hommes de foi, elle formera ainsi de bons citoyens. Mais un mauvais chrétien ne peut être, n'a jamais été et ne sera jamais un bon Français. Le dévouement à la patrie prend sa source dans l'idée religieuse. Sans l'idée religieuse, il ne reste plus que des intérêts et des ambitions. C'est donc se tromper étrangement que de croire fonder la liberté en interdisant les journaux pour publication d'encycliques pontificales, de mandements d'évêques, tout en autorisant la publication des feuilles maçonniques, des bulletins de cette secte satanique qui compte aujourd'hui en France plus d'un million d'adeptes, c'est-à-dire de conspirateurs contre la religion et la société, de ces hommes maudits de Dieu, dont le programme politique est : *la Commune*, programme de folies et de hontes, qui menace d'être demain le régime légal de la France entière, à la stupéfaction, comme pour la punition de nos Libéraux, dont l'imprévoyance aura laissé s'établir ce régime de terreur ; car, en dehors de Dieu, il n'y a pour les peuples ni sécurité, ni vraie liberté. En résumé, les hommes et les peuples ne trouveront la paix, la sécurité, le bonheur et la vraie liberté que dans le devoir, la pratique de la religion, le service de Dieu.

Dans le mal, au contraire, l'homme ne trouvera que la servitude. Il trouvera en effet la servitude dans la pratique du mal : dans la maladie, qui est le mal du corps ; dans la haine, qui est le mal du cœur ; dans l'erreur, qui est le mal de l'intelligence. Est-ce que le corps est libre, lorsqu'il est cloué par la maladie ? Est-ce que le cœur est libre, lorsqu'il est ulcéré par la haine ? Est-ce que l'esprit est libre, lorsqu'il est dans l'erreur ? Et c'est au nom de la liberté que nos Libéraux osent réclamer des droits pour le mal, pour l'erreur, pour l'impiété ! Mais ils ne savent ce qu'ils disent. Ils la suppriment en la prostituant.

C'est au nom de semblables inepties que nos hommes d'Etat laissent imprimer et répandre parmi le peuple toutes ces petites feuilles immondes, dans lesquelles sont chaque jour attaqués les principes fondamentaux de toute société. Ils réservent la censure pour les mandements d'évêques et les écrits catholiques. La vérité complète leur est importune ; ils ne peuvent la supporter. Il y a souvent moins de danger à insulter Dieu, la religion, le clergé, qu'à discuter les actes d'un ministre libéral, ou simplement à le rappeler à son devoir de protéger la liberté des gens de bien. S'ils ne le peuvent ou ne le savent, qu'ils laissent à d'autres cette mission. Il y a encore en France quelques hommes de foi et d'énergie qui sont dignes du pouvoir.

Celui qui fait le péché est l'esclave du péché, dit saint Paul. La foi et la raison sont donc d'accord pour montrer que, dans le mal, l'homme ne peut trouver que la servitude. Faire le mal, en effet, n'est pas plus de l'essence de la liberté, que déraisonner n'est de l'essence de la raison. Faire le mal n'est qu'une infirmité de la liberté, qu'un abus du libre arbitre, qui s'appelle la licence, et qui devient la tyrannie, lorsque le mal est nuisible à autrui. Le mal, en effet, voilà le seul ennemi de la liberté.

De ces principes il résulte clairement que, si l'on ne peut fonder la liberté parmi les hommes que par le règne de la vertu, c'est-à-dire par la pratique du devoir, il n'y a qu'un moyen de le maintenir, c'est par la guerre au mal. Si, dans une forêt hantée par des bêtes fauves, on peut trouver la sécurité en s'entourant d'un mur solide, il n'y a qu'un moyen d'avoir en même temps la sécurité et la liberté, c'est de chasser les bêtes fauves. Souvenez-vous qu'il suffit d'un chien enragé courant un pays pour mettre en danger la liberté de tous les habitants de ce pays.

Que penser alors de ceux qui, par calcul ou simplement par faiblesse, laissent se multiplier les malfaiteurs, sinon que ce sont les pires ennemis de la liberté? Les premiers sont les despotes, qui laissent se multiplier les malfaiteurs, pour avoir un prétexte d'augmenter leur propre pouvoir ; les autres sont les Libéraux, qui, mettant sur le même pied le bien et le mal, la vérité et l'erreur, le Catholicisme et l'athéisme, reconnaissent des droits au mal, à l'erreur, à l'impiété.

Les despotes donnent encore, au prix de la liberté, une sorte de sécurité, un ordre de prison, il est vrai, où un peuple étouffe.

Les Libéraux, par contre, ne peuvent donner ni la liberté, ni la sécurité. J'ajoute même, l'histoire en main, que les Libéraux, dont les principes conduisent nécessairement au radicalisme et aboutissent finalement à la Commune, sont toujours les complices de l'établissement légal du despotisme.

En effet, quand, après avoir excité toutes les convoitises, encouragé toutes les révoltes, laissé toute facilité à la licence, et détruit de leurs propres mains tous les freins, ils voient leur vie et leurs intérêts menacés, aussi lâches alors qu'ils ont été imprévoyants, ils consentent à se jeter entre les mains du premier maître venu, qui promet de les sauver. Nous en connaissons un bon nombre qui ont refusé d'accepter le régime paternel de la Monarchie chrétienne, à cause de son drapeau, et qui sont tout prêts à accepter le régime de César, malgré toutes ses funestes conséquences. Qu'ils se souviennent de la déclaration d'un des chefs de la République actuelle : « S'il nous était démontré que la Monarchie chrétienne fût nécessaire au salut de la France, ce n'est pas nous qui disputerions la couleur de son drapeau. »

Et voyez ces hommes qui, hier encore, ne parlaient que de liberté ! aujourd'hui, effrayés des conséquences de leurs principes et de leurs actes, ils murmurent déjà le nom de César. La peur seule a opéré cette transformation. Le peuple ignorant et incapable de comprendre la vraie notion d'autorité est toujours disposé à les suivre dans cette voie funeste.

L'histoire de ces dernières années nous montre aussi que les Libéraux, cherchant toujours la liberté là où elle n'est pas, et refusant de la voir là où elle est, dans la Monarchie chrétienne, nous ont toujours conduits au radicalisme, puis, sans tarder, effrayés de leur œuvre, nous ont précipités, par peur et par lâcheté, entre les bras d'un César. C'est que la liberté est une grande et sainte chose ; les chrétiens en ont fait une vertu. Elle ne se conserve que par une surveillance de chaque jour, par un combat continuel, par la lutte sans répit contre le mal, seul ennemi de la liberté. Elle ne peut donc appartenir qu'aux peuples forts, aux peuples vertueux. Les peuples en décadence ne connaissent que l'anarchie et le despotisme.

La France est-elle une de ces nations en décadence ? Aujourd'hui l'anarchie est à nos portes, le césarisme nous menace. La France saura-t-elle éviter

ces deux périls ? Dans tous les cas, elle ne le pourra
que par un retour prompt, résultat d'un suprême
effort, à la Monarchie chrétienne, qui aujourd'hui est
représentée par ce Prince magnanime, respecté de
tous, à la foi forte, aux convictions énergiques, tenant
dans ses nobles mains le drapeau de Jeanne d'Arc et
de Henri IV, ce drapeau blanc qui a fait France toute
terre où il a été planté, et qui est encore aujourd'hui
l'unique espoir de la vraie liberté. Ils nous ont
montré la voie de l'honneur et du salut, tous ces
Princes de la Maison de France qui, hier encore,
séduits par les idées libérales, caractérisées de « pes-
tilentielles » par le Souverain-Pontife, mais aujour-
d'hui désabusés par une expérience désastreuse, se
sont franchement ralliés à la Monarchie légitime.

Si la liberté ne se conserve que par une lutte de
chaque jour, il va sans dire que cette guerre au mal
n'exclut point l'indulgence envers les coupables, la
charité envers les hommes. Tous, d'ailleurs, nous
avons besoin d'indulgence, parce que nous sommes
tous faillibles. Au contraire, après avoir justement
flétri le crime, on peut plus facilement être indulgent
envers le coupable.

Il serait facile de prouver que le pouvoir favorise la
liberté, même de celui qu'il violente, pour l'éloigner
du mal. — Favoriser le bien, empêcher le mal, c'est-
à-dire protéger la liberté, telle est donc la mission du
dépositaire de l'autorité. En remplissant cette mission, le dépositaire de l'autorité devient le représen-
tant de Dieu sur la terre, le dispensateur de ses bienfaits. En les distribuant avec justice, il devient *le*

2

ministre de Dieu, suivant l'expression de saint Paul, et son autorité tire de cette justice son caractère sacré, inviolable. Favoriser le bien, empêcher le mal, telle est donc la mission du pouvoir légitime. Empêcher le bien, favoriser le mal, ou simplement le laisser faire, tel est le caractère du pouvoir tyrannique.

Il y a donc ainsi deux sortes de pouvoirs tyranniques, ceux qui font le mal et ceux qui le laissent faire. Ces derniers tyrans sont très nombreux. Que d'hommes, en effet, sollicitent le pouvoir, sans avoir l'énergie de s'opposer au mal, d'où qu'il vienne, soit de plus bas, soit de plus haut. Ils laissent le champ libre aux plus détestables doctrines, laissent insulter Dieu, la religion, le clergé, la morale, la propriété, la famille, sans souvent se douter qu'en laissant ainsi semer de mauvaises graines, ils ne récolteront que de mauvais fruits. Ils couvent des œufs d'aspic, et il ne peut en sortir que des vipères, de gros serpents, des basilics, dit l'Ecriture. Leur doctrine est *laisser faire, laisser passer.*

Qui ne reconnaîtrait à ce caractère la doctrine funeste du Libéralisme, doctrine fondée en principe sur l'impuissance de la raison à discerner le bien du mal, et en pratique conduisant inévitablement à la servitude. Personne ne s'étonnera donc qu'après avoir confié pendant sept ans le soin de nos intérêts à des ministres libéraux, nous récoltions les Gambetta, les Barodet, les Marcou, les Cassagnac, et autres démagogues de la sorte.

Certes, je sais que, dans la lutte à armes égales entre le bien et le mal, le bien finit toujours par triompher. Mais, devant les difficultés que l'homme doit surmonter pour arriver à la vérité, celle-ci ne pourra jamais être l'apanage que du petit nombre ; si chacun est laissé à ses propres forces, serait-il juste, serait-il prudent de livrer sans défense la grande masse des hommes ignorants aux prédications mauvaises, aux sollicitations coupables ? Le prétendre serait de la déraison.

Concluons donc que la liberté ayant pour objet le bien, est l'apanage exclusif des peuples religieux, et est incompatible avec l'Etat athée, tel que le rêvent les révolutionnaires, d'après les immortels principes. S'il est vrai que la liberté n'est que dans le bien, et qu'elle ne se conserve que par la guerre au mal, le Libéral, en reconnaissant des droits au mal, est un ennemi de la liberté, qu'il laisse ainsi opprimer par principe.

Ce simple énoncé du principe fondamental du Libéralisme ne suffit-il pas pour montrer à tous les dangers de cette doctrine, si pernicieuse, que le Pape Pie IX n'a pas craint de dire qu'il redoutait plus pour l'avenir de la France l'influence funeste des Libéraux, que celle des sociétés secrètes. Et sa parole a été prophétique.

Loin de moi la pensée de montrer tous les côtés erronés de cette doctrine, nouvelle hydre à cent têtes, qu'on nomme *le Libéralisme*. Je veux cependant lui couper quelques têtes.

La vie n'est qu'une lutte continuelle entre le bien et le mal. Aujourd'hui, les gens d'ordre s'appellent conservateurs ; les hommes de mal se nomment révolutionnaires.

Les conservateurs sont tous les hommes résolus à défendre, contre toute attaque, les idées constitutives de l'idée de Patrie. Parmi les idées constitutives de l'idée de Patrie, j'en signalerai trois principales : l'idée religieuse, l'idée de territoire et nos traditions nationales. Celui qui attaque l'une ou l'autre de ces trois idées ne peut être un conservateur.

Au premier rang, je place l'idée religieuse, qui est comme l'âme de la nation, et en France l'idée religieuse, c'est l'idée catholique. Depuis que la France a adopté les fatals principes de 89, de la séparation de l'Eglise et de l'Etat, de l'Etat, sinon hostile, du moins indifférent, sa décadence a été rapide, et elle ne s'arrêtera que par un retour à une politique catholique.

Si, pendant que les peuples catholiques sont en pleine décadence, les peuples protestants jouissent d'une prospérité relative, c'est que leurs gouvernements sont restés fidèles aux grands principes sociaux que le protestantisme a retenu du catholicisme. Cette moitié de vérité religieuse suffit pour les faire vivre, malgré les erreurs manifestes de la religion réformée, qui sont autant de causes de dissolution pour les nations qui la professent. Si les nations protestantes prospèrent avec une moitié de vérité, à quelle grandeur ne doit pas parvenir une nation restée fidèle à la vérité complète, lorsqu'elle possèdera un gouvernement animé des mêmes sentiments, des mêmes aspirations ! Par la vérité complète, la France trouvera la vie complète. Malheur donc à ceux qui mettent des obstacles à la résurrection de la France, de la fille aînée de son Eglise ! Qu'ils se souviennent que les crimes contre la France ont toujours leur châtiment. Qu'ils étudient l'histoire de nos révolutionnaires. Toujours ils pourront suivre les traces de la malédiction de Dieu, sur eux et sur leurs familles, sur les plus célèbres comme sur les plus obscurs.

Une deuxième idée constitutive de l'idée de Patrie, ce sont les traditions nationales ; c'est l'amour de nos institutions et de nos gloires, qui ne peut être séparé de l'amour de la Monarchie française, la plus ancienne et la plus glorieuse de l'Europe. Dans les desseins de la Providence, chaque nation a son génie, son caractère et sa mission : le génie de la France est catholique et monarchique.

Une troisième idée constitutive de l'idée de Patrie, c'est l'idée de territoire. Nul, en effet, ne peut être appelé conservateur, s'il n'est toujours prêt à en défendre l'intégrité jusqu'à la dernière goutte de son sang.

Si telles sont les idées constitutives de l'idée de Patrie, il est clair que les bonapartistes ne peuvent à aucun titre être appelés conservateurs. En effet, qu'ont-ils fait du Catholicisme ? A l'intérieur, ils ont supprimé les Sociétés de Saint-Vincent-de-Paul, encouragé le Gallicanisme et la Franc-Maçonnerie, fondé l'Internationale. A l'extérieur, ils ont dépouillé le Pape de ses Etats, compromis, et souvent menacé son indépendance spirituelle. Et il n'est pas inutile de faire remarquer ici que, pendant que les soldats de Napoléon assistaient, par ordre, les bras croisés, à l'envahissement des Etats Pontificaux, ce sont des légitimistes français, qui, fidèles à nos traditions, versaient leur sang pour la défense du Souverain-Pontife. Quant à nos traditions, ils le disputent en ardeur aux radicaux les plus avancés, quand il s'agit d'insulter aux gloires de la France. Quant au territoire, trois fois les bonapartistes se sont donné la mission de le défendre ; trois fois ils l'ont livré à l'étranger. Les principes du césarisme sont nécessairement stériles, et l'histoire de tous les siècles ne nous montre pas un seul exemple d'un peuple sauvé de la décadence par le césarisme. En France, les seuls conservateurs, dans toute l'acception du mot, ce sont les royalistes catholiques.

Les révolutionnaires, ce ne sont pas, comme le pensent des esprits légers et superficiels, ceux qui veulent changer la forme du gouvernement ; ce sont les disciples de celui qui a juré d'écraser Jésus-Christ, qu'ils appellent *infâme;* ce sont les disciples des sectes philosophiques nées de l'impiété ; ce sont ces francs-maçons, auxquels les Allemands Knige et Weshaupt apportèrent, en 1787, cette affreuse doctrine connue en Allemagne sous le nom d'illuminisme, doctrine qui se résume dans les deux préceptes suivants : *Haine à tout culte, haine à toute autorité !*

Ce sont ces mêmes francs-maçons, instruits par les Allemands, qui se trouveront mêlés à tous les crimes de la Révolution française. Ce sont ces mêmes francs-maçons dont les Prussiens se sont servis pour étouffer en France la foi et le patriotisme, et préparer ainsi les voies à leur facile conquête. Depuis Voltaire, l'ami du roi de Prusse, nos révolutionnaires n'ont pu se défaire de leurs attaches avec les Prussiens. Il ne faut donc pas s'étonner si les Prussiens ont illuminé à l'annonce du succès de nos révolutionnaires, le 20 février. Ils sont les plus fidèles courtisans de leur politique et de leur fortune. Ils ont sans cesse réclamé la réduction de nos forces militaires et cherché à introduire dans notre armée les plus dangereuses innovations. Ils ont applaudi à tous les succès des Prussiens en Autriche, en Italie, en Espagne, et même en France. Mais de même que la dynastie napoléonienne s'effondrait devant les armes prussiennes le jour où sa politique en Italie était consommée par l'envahissement de la Ville Éternelle, de même le règne de nos Libéraux finissait sous les coups du suffrage universel, le jour même où leur politique triomphait en Espagne par le succès des armées alphonsistes. Le duc Decazes, ballotté dans deux circonscriptions, n'était élu quinze jours plus tard, que grâce à l'appui des radicaux.

Je ne veux point discuter le gouvernement d'Alphonse XII ; mais je veux cependant faire remarquer que don Carlos eût été l'ennemi de la politique prussienne et l'ami de la France, tandis que Alphonse XII était préféré par les Prussiens et par tous les révolutionnaires français, Libéraux, bonapartistes et radicaux.

Notre territoire est devenu le grand chemin par où passaient librement les armes prussiennes et espagnoles, grâce aux complaisances empressées du plus incapable des diplomates, de notre ministre des affaires étrangères, le duc Decazes, actuellement le mauvais conseiller de Mac-Mahon, comme son père, chef de la franc-maçonnerie française, fut le mauvais génie de Louis XVIII. Les pieds du père glissèrent dans le sang, dit Chateaubriand ; je crains que les pieds du fils ne glissent bientôt dans le ruisseau de la démagogie. Aujourd'hui il est encensé par toutes les feuilles à la dévotion de la Prusse, comme l'étaient, en 1870, les Jules Favre, les Jules Simon, les Pelletan et autres révolutionnaires, lorsqu'ils demandaient le désarmement de la France. Il a d'ailleurs un moyen infaillible de trancher toutes les difficultés : c'est de céder à toutes les exigences de l'étranger. Aussi il en est adoré.

Les révolutionnaires, ce sont encore les convives de la Ferté et de Grenoble, ce sont les enfouisseurs d'enfants, ce sont ceux qui veulent que les hommes soient enterrés comme des chiens, ce sont, en un mot, tous les ennemis du Catholicisme. Quelques-uns consentent à reconnaître les services que le Catholicisme a rendus à la civilisation, mais ils le déclarent incapable d'en rendre à la société moderne et travaillent tout aussi activement à le détruire. Certes, le Catholicisme est inconciliable avec ce qu'on est convenu d'appeler les idées modernes, comme il est inconciliable avec toutes les erreurs, mais il n'est opposé à aucune idée juste et utile.

Or, voici qu'au dix-neuvième siècle, devant ces attaques acharnées des révolutionnaires puissamment organisés, des utopistes ont cru les désarmer en leur laissant le champ libre. Ils ont exigé des gouvernements qu'ils assistent à cette lutte entre les conservateurs et les révolutionnaires les bras croisés ; ils ont réclamé des gouvernements l'impartialité, et ont même érigé cette impartialité en devoir. Leur doctrine est : *le laisser faire*. S'abuseraient-ils jusqu'à croire que lorsque les révolutionnaires seront au pouvoir, ils les laisseront faire ? Les faits se chargent cependant de les détromper, souvent cruellement.

Les Libéraux, ayant reconnu dans l'homme la faculté d'abuser de son libre arbitre, ont érigé en droit cette faculté. Le Libéralisme ayant pour principe : *le laisser faire*, il y aura ainsi deux sortes de Libéraux, le révolutionnaire libéral et le conservateur libéral. — Le révolutionnaire libéral désire le triomphe de la Révolution, mais il consent à laisser au moins en principe une petite place à la Religion. Il l'appelle même volontiers l'initiatrice de la fraternité humaine. — Le catholique libéral, au contraire, désire le triomphe des idées conservatrices : Religion, famille, propriété, mais il reconnaît aux révolutionnaires le droit de les attaquer. Nous verrons même bientôt que, sous le règne des catholiques libéraux, l'attaque est souvent plus libre que la défense.

Cette doctrine du *Catholicisme Libéral* a d'abord été soutenue en France par des chrétiens ardents, qui, voyant l'Eglise asservie, ont demandé pour elle la liberté. Ils soutenaient ainsi le bon combat, et le Souverain-Pontife ne leur ménagea point les encouragements. Mais plusieurs, dans l'ardeur de la lutte et par un faux sentiment de générosité qui, en France devait faire de nombreuses victimes, se laissèrent aller jusqu'à demander une liberté égale pour tous, pour le bien comme pour le mal, pour l'attaque comme pour la défense. C'étaient, ai-je dit, pour la plupart des catholiques fervents, qui ne doutaient pas du triomphe du Catholicisme. Mais l'Eglise Catholique, pour laquelle il ne peut être indifférent d'éclairer les âmes ou de les empoisonner, en gardienne fidèle de la vérité et de ses droits imprescriptibles, les avertit aussitôt de leur erreur. Plusieurs se soumirent. D'autres refusèrent et restèrent attachés à leur doctrine libérale, tout en déclarant vouloir rester catholiques, en prétendant même être les meilleurs catholiques, et mieux servir ainsi les intérêts de la Religion.

Il y a, en effet, dans le Libéralisme Catholique, un semblant de générosité qui devait faire de nombreuses dupes, surtout en France, à cause de l'abandon presque général des études philosophiques. Aussi le Libéralisme Catholique envahit rapidement toutes les classes de la société, l'aristocratie, et même le clergé. Heureusement ils ont été très rares, les membres du clergé qui se sont laissé séduire par les idées libérales. Car si un Catholique Libéral est très-dangereux, un prêtre libéral serait plus dangereux encore, en entretenant autour de lui une fausse sécurité, en endormant les consciences, et, s'il approchait des puissants de la terre, en préparant les grandes défaillances.

Bientôt le mal fut cependant si grand que, dès 1864, il devenait un vrai danger pour l'Eglise, qui le condamna solennellement dans l'Encyclique du 8 décembre de la même année.

Malgré cette condamnation, le mal continua de grandir, et, en 1870, on comptait les bons esprits restés fidèles à la tradition catholique et soumis à l'Eglise. C'est ce qui nous explique pourquoi, lorsqu'en 1871, la France chercha des catholiques et des royalistes pour leur confier ses destinées, elle ne trouva que des Catholiques Libéraux, qui, après cinq années de gouvernement, ont produit la Constitution républicaine de 1875, et, comme conséquence, les élections du 20 février 1876, qui furent leur tombeau. Ils avaient promis de nous protéger contre les bonapartistes et les radicaux. Or, en 1871, à leur entrée au pouvoir, les bonapartistes n'osaient lever la tête, Gambetta, le « fou furieux, » se cachait en Espagne. En 1876, les bonapartistes comptent près de cent siéges à la Chambre ; Gambetta est le vrai triomphateur, M. Thiers est dépassé, et il est certain qu'aujourd'hui il ne serait pas nommé député à Paris. Quelle complète impuissance !

Le pouvoir tombé des mains impuissantes des Catholiques Libéraux vient d'être confié aux révolutionnaires libéraux, c'est-à-dire à ces hommes du centre gauche qui, partisans des principes de la Révolution, veulent cependant défendre les droits de la religion, de la famille et de la propriété. Mais ils seront tout-à-fait impuissants à sauvegarder ces principes fondamentaux de toute société. Oseront-ils même essayer de les défendre ? Tenons plutôt pour certain qu'ils les abandonneront à la première attaque. Demain ils enlèveront ou laisseront enlever aux Universités libres le droit de collation des grades : plus tard, ils sacrifieront un autre intérêt catholique, sans pouvoir cependant beaucoup retarder leur chute, qui est inévitable. Elle sera seulement plus honteuse. Leur règne n'aura servi qu'à augmenter les forces des plus dangereux ennemis de la France : *le Radicalisme et le Césarisme*, les deux termes où aboutit fatalement la Révolution.

Après l'impuissance si bien constatée de leurs doctrines, nos Catholiques Libéraux ouvriront-ils enfin les yeux, et aideront-ils ceux qui veulent tirer la France des dangers au milieu desquels ils l'ont laissée ?

Ils le peuvent encore. Mais, pour cela, il faut une conversion complète, abandonner toutes les folies du Catholicisme Libéral, pour adopter la maxime qui depuis longtemps est celle de tous les bons Français et se résume dans cette seule phrase : *Catholique avec le Pape, et Royaliste avec le Roi.*

Nos Libéraux n'ont réussi qu'à compromettre tous les intérêts qui leur avaient été confiés, surtout ceux de la liberté, au nom de laquelle ils parlaient, sans même savoir en quoi elle consistait.

Si nos Catholiques Libéraux ont compromis la liberté, ils n'ont pas d'idées plus justes sur l'autorité. Partout, en effet, ils ont combattu l'autorité légitime. Ils n'ont même pas craint de s'attaquer à l'autorité la plus haute et la plus sainte de la terre, celle du Père commun des fidèles, et d'essayer un 89 dans l'Eglise. Ils n'ont rien négligé pour changer la Constitution divine et dix-huit fois séculaire de l'Eglise, et pour y établir leur gouvernement de choix, le parlementarisme. L'autorité devait résider non dans le Pape, mais dans l'Assemblée des Evêques. Le Pape n'aurait plus été le Vicaire de Jésus-Christ, mais le Vicaire des Evêques ; il n'aurait plus été la tête, le Chef de l'Eglise, mais sa bouche, son porte-voix.

La forme du gouvernement de l'Eglise n'est pas immuable. Elle doit s'adapter aux besoins des temps. L'Eglise acquerra ainsi plus d'autorité. Que de fois n'avons-nous pas entendu répéter alors de semblables folies , et bien d'autres encore ! A cette époque , chaque catholique avait trouvé et proposait sérieusement pour l'Eglise une nouvelle Constitution, meilleure à son avis que celle établie par Dieu lui-même, et destinée à ramener d'enthousiasme tous les dissidents à l'unité catholique. Quelles sottes et ridicules prétentions ! Or, que n'ont pas fait nos Catholiques Libéraux, pour faire triompher de telles folies ? Ils ont rédigé force adresses, envoyé des memorandums, excité la défiance du pouvoir séculier, et au besoin réclamé son appui. Et, chose incroyable ! ce sont les gouvernements les plus autoritaires, ceux qui n'accepteraient jamais pour eux la forme gouvernementale proposée pour l'Eglise par nos Libéraux Catholiques, qui les premiers ont prêté l'oreille à leurs propositions, sans sembler se douter que le Concile du Vatican ne pouvait qu'affermir l'autorité, aujourd'hui partout ébranlée. Nos Catholiques Libéraux ont d'abord agi auprès du Saint-Siége par la persuasion, puis ont essayé des menaces, en faisant entrevoir des dangers imaginaires. Heureusement, Dieu veillait sur son Eglise. Toutes ces folies ont été condamnées. La vérité a été proclamée. La cause est finie.

Malgré les progrès effrayants qu'ont faits les idées révolutionnaires, sous nos derniers gouvernements, les révolutionnaires ne seraient point à redouter, s'ils n'avaient comme dupes, et ainsi comme complices, les Libéraux. Ceux-ci sont même plus dangereux que les révolutionnaires, car ce sont généralement d'honnêtes gens, incapables, dans la vie privée, des défaillances qu'ils commettent dans la vie publique.

Impuissants à fonder, les Libéraux ne servent que les révolutionnaires, c'est-à-dire les bonapartistes et les radicaux.

Ils sont de plus inconséquents. Je conçois, en effet, le révolutionnaire, comme je conçois l'assassin, le voleur ; mais je ne conçois pas plus le Libéral reconnaissant des droits à l'impiété, à l'erreur, que je ne concevrais un honnête propriétaire reconnaissant des droits au voleur.

Combien Pie IX avait vu juste lorsqu'il avait dit, dès 1871, qu'il redoutait plus, pour le succès des idées conservatrices en France, l'influence funeste des Libéraux, que celle des radicaux. Ne se sont-ils pas, en effet, associés aux radicaux pour empêcher la France de revenir à la Monarchie légitime, et de rentrer dans sa voie glorieuse et séculaire ? N'est-ce pas aussi dans les journaux dits Libéraux que se sont produites les plus violentes attaques contre la Monarchie. Le peu de douleur qu'ils ont montré, lorsqu'ils eurent abandonné le roi, sans avoir réussi à le compromettre, fit voir à tous que le drapeau blanc n'était qu'un prétexte. Ils l'ont avoué depuis ; ils voulaient conserver le pouvoir.

D'ailleurs, il était bon que les Libéraux fissent eux-mêmes l'expérience de leurs théories, et en constatassent l'impuissance. Avant cette expérience, le roi n'eût pu gouverner, car ils lui auraient certainement refusé toutes ces lois (nomination des maires, etc., etc.), qu'aussitôt arrivés au pouvoir, ils ont réclamées comme nécessaires au salut du pays. Mais, même avec ces lois, ils n'ont pu sauver le pays. Ils n'ont même pu se sauver eux-mêmes , car leurs principes sont faux, et on ne peut rien fonder de stable sur l'erreur.

Ce n'est pas en laissant semer l'ivraie parmi le bon grain, qu'on peut espérer une bonne récolte. Il faut tôt ou tard la déraciner. De même les Libéraux, en laissant répandre les mauvaises doctrines, laissent opprimer la vérité. Il leur faut alors des lois répressives exceptionnelles, pour réprimer les actes dangereux, conséquence des mauvaises doctrines qu'ils ont tolérées. Souvent même, il leur faut fusiller le soir, dans la rue, la conséquence de leurs doctrines du matin. C'est ce qui explique ce fait bien constaté que c'est toujours sous les gouvernements dits Libéraux, ou à leur suite, que sont forgées les lois les plus sévères.

C'est aussi ce qui explique comment un César a pu quelquefois être regardé comme un sauveur, en arrachant un peuple à l'anarchie, où le conduisent fatalement les Libéraux.

Les Libéraux, en reconnaissant le droit de répandre

les mauvaises doctrines, laissent ainsi étouffer la vérité par principe.

Un gouvernement libéral favorise donc la tyrannie, puisqu'il laisse opprimer le bien, et que la tyrannie consiste précisément dans l'oppression du bien.

Non seulement les Libéraux laissent opprimer le bien, j'ajoute même qu'ils en arrivent toujours à le persécuter directement. Il serait facile de démontrer par le raisonnement que c'est une conséquence nécessaire des idées libérales ; car, lorsque la vérité opprimée réclame ses droits, les Libéraux s'efforcent d'étouffer sa voix importune ; mais je préfère citer des faits.

Prenons, comme exemple, l'idée catholique, sur laquelle tous les conservateurs français sont d'accord. Aujourd'hui, l'Eglise de Jésus-Christ est abandonnée par tous les gouvernements, au nom des idées libérales, trahie par les uns, persécutée par les autres. Autrefois saint Paul pouvait se présenter devant l'infâme Néron lui-même, et sortir justifié. Aujourd'hui, dans beaucoup de pays de l'Europe, il serait sinon emprisonné, au moins expulsé.

On a quelquefois parlé de l'intolérance des Catholiques, mais connaît-on rien de comparable à celle des protestants, ces Libéraux en religion, ces partisans de la liberté de conscience ? Dans presque tous les pays protestants, aujourd'hui, les Catholiques sont persécutés au nom de lois faites exprès contre eux par des majorités dociles. Là d'ailleurs où n'est point la vérité, il ne peut être question de charité.

Il n'y a pas longtemps encore que l'Europe étonnée

pouvait lire les écrits et les discours de protestants illustres : de Gladstone, ancien premier ministre de la reine d'Angleterre, du ministre des cultes en Allemagne et de ces petits tyranneaux suisses dont j'ignore les noms, véritables pamphlets où l'ignorance la plus honteuse le dispute à la haine la plus stupide contre les Catholiques, et dans lesquels ils confondent ce que le dernier de nos écoliers catholiques saurait facilement distinguer. Et ce que les historiens de l'avenir ne pourront jamais comprendre, c'est que, dans cette Allemagne, où les Filles de Saint-Vincent-de-Paul et les Petites-Sœurs-des-Pauvres sont regardées comme un danger pour l'Etat, les maisons de prostitution se multiplient librement, et, dans la seule ville de Berlin, soixante mille prostituées peuvent impunément exercer leur infâme métier de corruption. Presque toutes les statistiques sur la prostitution en Europe donnent même un chiffre plus élevé.

Je ne parlerai pas des persécutions exercées en Suisse contre les Catholiques, au nom du parti libéral, car nos Libéraux français ne manqueraient pas de me répondre qu'ils ne peuvent être comparés à ces hommes qui ne sont point catholiques, qui désirent la ruine du Catholicisme.

Je ne prendrai même point mes exemples en France, où cependant ils abondent. Je ne veux point irriter. Je les prendrai au Brésil et en Autriche. Au Brésil règne un empereur catholique, mais libéral. Pendant que les Francs-Maçons, ces éternels conspirateurs contre la religion et la société, ont pleine liberté, l'évêque d'Olinda est condamné à dix années de travaux forcés, pour avoir publié une Encyclique pontificale anathématisant la Franc-Maçonnerie. De même, en Autriche, règne un empereur catholique libéral, dont l'aveuglement est incroyable. Pendant que les Francs-Maçons conspirent ouvertement, que les Juifs s'emparent de la presse autrichienne pour la vendre à la Prusse, que celle-ci a ses espions dans toutes les parties de l'Empire, pendant que les révolutionnaires sapent son trône, que l'impiété s'étale dans sa capitale, il y a en Autriche un empereur dont les ministres ne pensent qu'à forger des lois contre l'Eglise Catholique, le plus puissant appui de la couronne.

Le Libéralisme naît de l'esprit de révolte contre Dieu, contre l'Eglise ; sa source est donc l'orgueil. C'est ce qui explique l'aveuglement incroyable et l'entêtement des Libéraux dans leurs erreurs, car Dieu les aveugle, comme il aveugle toujours les orgueilleux, qui veulent se passer de lui.

C'est ce qui nous explique pourquoi, ayant des yeux, ils ne voient point, de longues oreilles, ils n'entendent point. Ils sont devenus semblables au cheval et au mulet, animaux sans intelligence, *sicut equus et mulus, quibus non est intellectus.*

En effet, *le Libéral, c'est un mulet.* Comme le mulet, il est impuissant et sottement entêté. Comme le mulet, il tient de deux natures, du conservateur un peu, du révolutionnaire beaucoup. De plus, de même que pour faire un mulet, il faut un âne, de même pour faire un Libéral, il faut aussi un âne, je veux dire un ignorant des principes religieux et sociaux. Espérons donc que l'expérience si désastreuse des doctrines libérales, nos malheurs récents, et par-dessus tout la voix du Pape, en éclairant les Catholiques français, diminueront le nombre des ignorants, ces pères des Libéraux, et finiront par faire disparaître de notre cher pays leur funeste race.

LIMITES DE LA LIBERTÉ.

Après avoir étudié la liberté dans son sujet, dans son guide et dans son objet, il me reste à l'étudier dans ses moyens, qui sont les facultés de l'âme. Or, comme nos facultés sont limitées, notre liberté, bien qu'illimitée dans son sujet, le vouloir, sera en fait limitée. Ses limites seront l'étendue des facultés de l'âme.

Il est clair, en effet, que nous ne pouvons nous servir de facultés que nous n'avons pas ; pas plus que nous ne pouvons marcher aussi vite que le chemin de fer ; ni voler, comme les oiseaux ; ni vivre sous l'eau, comme les poissons.

La liberté de l'homme est donc essentiellement limitée. Dieu seul est complètement libre, parce qu'il est tout puissant.

Non seulement la liberté de l'homme est limitée, mais elle est encore imparfaite, comme d'ailleurs toutes ses facultés. Nous avons déjà fait observer que tous les médecins, depuis Hippocrate, d'accord avec la tradition catholique, ont reconnu qu'il n'y a pas de santé parfaite, que tous les hommes sont malades dès la naissance et apportent avec eux un germe de mort, en un mot que l'homme naît dans un état de déchéance. Or, puisque nous avons démontré que la liberté parfaite est incompatible avec le mal, il est clair que la liberté parfaite n'existe ni dans l'homme, ni dans la société. Dieu seul est parfaitement libre, parce qu'il ne peut faire le mal. Il est néanmoins évident que le peuple le plus vertueux sera aussi le plus libre.

Jusqu'ici je n'ai étudié la liberté que dans la vie naturelle de l'homme ; mais il y a aussi dans l'homme une vie surnaturelle, qui est une marche vers Dieu, avec le secours de ce même Dieu, et qu'on appelle la grâce. Il serait facile de montrer que l'homme le plus libre est celui qui possède cette grâce, puisque, par ce secours de la divinité, les facultés de l'homme se trouvent augmentées de toute la puissance de Dieu même pour arriver à notre destinée.

Après ces considérations, il sera impossible de confondre la liberté avec le libre arbitre. Le libre arbitre consiste dans la faculté de se déterminer ; la liberté consiste dans la faculté de se déterminer au bien, ou plus exactement, c'est : *la vie dans le bien*. Si telle est la liberté philosophique, il est clair que la liberté politique ne peut être le droit de tout faire, comme le prétendent les démagogues, et avec eux les Libéraux ; mais seulement : *le droit absolu et imprescriptible de pouvoir faire le bien sans entraves.*

CONCLUSIONS GÉNÉRALES.

Ainsi le libre arbitre est simplement la faculté de se déterminer. Dans la liberté, il y a de plus une idée d'intelligence, une idée de raison ; il s'ensuit nécessairement que l'acte libre doit toujours avoir un but honnête. Il s'ensuit aussi qu'il est absurde de réclamer le droit d'existence pour toutes les associations, pour toutes les publications. Parce qu'on admet des associations de gendarmes, on ne peut tolérer des associations de voleurs. Ils sont donc insensés, ces Libéraux, qui réclament la liberté d'association, la liberté de réunion, à moins qu'ils n'entendent seulement les bonnes associations et les réunions honnêtes.

Le bien seul a droit d'asile dans une société bien organisée. Le mal doit toujours être combattu. Ces idées, repoussées absolument par les démagogues, sont admises en principe par les Libéraux. Elles sont seulement repoussées dans la pratique, sous le fallacieux prétexte qu'on ne peut connaître absolument la vérité, et qu'en repoussant ce qu'on croit mal, on est exposé à repousser ce qui est juste.

Mais, Messieurs les Libéraux, sous quel prétexte pouvez-vous conserver le pouvoir, si vous ne savez même pas distinguer le bien du mal ? Quand on accepte le pouvoir, le mot l'indique, c'est pour faire quelque chose , et non pour tout laisser aller à la dérive. Or, que pouvez-vous faire, si vous n'avez pas de principes certains ? C'est ainsi une doctrine peu fière que celle des Libéraux, puisqu'elle ne peut se légitimer qu'en affirmant l'impuissance de la raison à discerner le bien du mal. Bientôt nous verrons les Libéraux en méconnaître absolument les droits, et j'espère même montrer que le Libéralisme consiste essentiellement dans l'abandon des droits de la raison.

Le grand mal, aujourd'hui, comme la cause de toutes les erreurs modernes, c'est cet abandon des droits de la raison. C'est pour cela que le Concile du Vatican, avant même de flétrir les doctrines les plus funestes sur l'Eglise et sur la société, a senti la nécessité de commencer par réhabiliter la raison, d'affirmer sa puissance, et de montrer qu'il ne peut y avoir de véritable désaccord entre la lumière divine, ou la foi, et notre lumière naturelle, la raison, puisque celle-ci est comme un reflet de celle-là. *Toute apparence imaginaire de contradiction vient principalement*, dit le Concile, *ou de ce que les dogmes de la foi n'ont pas été compris ou exposés suivant l'esprit de l'Eglise, ou de ce que les erreurs des opinions sont prises pour les jugements de la raison.* Pendant que les Libéraux contestent à la raison sa puissance, les Catholiques la tiennent en si haute estime que le Concile du Vatican déclare que la raison, éclairée par la foi, peut même trouver *quelque intelligence très-fructueuse des mystères.*

Quelle sera, en effet, la lumière qui nous fera connaître le bien du mal, et qui nous servira de guide dans nos déterminations ? Nous venons de le voir, le conservateur chrétien répond : *la raison, éclairée par la foi.* Les césariens, Libéraux, démagogues, en un mot tous les révolutionnaires répondent : *le suffrage universel.* Le suffrage universel, voilà leur premier, ou plutôt leur unique principe, celui qui doit remplacer tous les autres, même la raison et la justice. Tous les révolutionnaires, en effet, sont d'accord pour remplacer le droit fondé sur la raison, la justice, par les données contradictoires de la volonté nationale. Et on peut assurer que si la France est tombée si bas, c'est qu'elle manque encore plus de raison que de foi.

Dans toutes les classes de la société française existe une immense ignorance des principes religieux et sociaux, et ce qui est peut-être un signe d'incurabilité, c'est le petit nombre de ceux qui sentent le besoin de s'instruire.

Certes, je ne contesterai pas les immenses progrès qu'ont faits les sciences d'observation dans ce siècle, et surtout dans les dernières années ; mais l'étude des questions religieuses, philosophiques, économiques et sociales est à peu près complètement délaissée ; on n'étudie plus ; on ne lit plus les livres sérieux, *pas même l'Evangile.*

Ce qui caractérise notre époque, c'est un immense désir des jouissances faciles. La France ne vit plus par la tête, mais par le ventre. « *Du pain et des spectacles !* » *Panem et circenses !* voilà le cri du peuple, s'adressant à César, et César construit de somptueux théâtres. L'étude a été délaissée pour courir après les plaisirs.

M. de Bismark disait qu'un signe infaillible pour

reconnaître un ambassadeur français, c'est qu'il ne connaît jamais la langue du pays où son gouvernement l'envoie. Cette ignorance universelle explique pourquoi il y a si peu d'hommes de principes, et par suite d'hommes de caractère. D'ailleurs, à quoi bon l'étude des principes sociaux, puisque la solution de toutes les questions qui intéressent les peuples est aujourd'hui confiée au hasard, c'est-à-dire au suffrage universel. Prenez garde, Français, que la solution ne soit pas tout-à-fait celle qui conviendrait le mieux à vos habitudes et à vos goûts.

Si notre ignorance est grande, notre présomption ne l'est pas moins. Dans les autres pays, pour connaître quelque chose, il faut étudier. Le Français, lui, a la science infuse. Parlez art militaire à un avocat français, il est plus fort que les généraux. Parlez religion au négociant, au médecin, à l'officier, à tous ces hommes qui ont passé vingt et trente ans de leur vie sans lire un livre religieux, ils sont plus instruits que le Pape et les cardinaux. Parlez à ces hommes du *Syllabus*, ce monument de raison et de sagesse. Essayeront-ils de le réfuter ? Ils ne l'ont jamais lu ; ils se garderont même bien de le lire. Ils l'ont condamné d'avance. Ils se contenteront de sourire. Sourire, en effet, voilà la dernière réponse des savants d'aujourd'hui. Le ricanement de Voltaire, en se généralisant, est devenu le sourire idiot du bourgeois français sur toute question religieuse ; et cependant, bourgeois, il faudra bien l'apprendre, ce *Syllabus*, et même t'y soumettre, ou tu mourras ; car il contient l'unique remède qui puisse te guérir du mal qui te ronge.

Dans un temps où le besoin d'une autorité forte est si nécessaire, qu'avons-nous fait ? Nous avons repoussé la Monarchie chrétienne, et nous avons confié le soin de nous protéger à des Libéraux, c'est-à-dire à des hommes qui, par principe, devaient tout laisser faire, tout laisser passer. Pouvons-nous être étonnés si nous récoltons le radicalisme, comme nous récolterons certainement demain le césarisme, et après-demain l'invasion, si un retour aujourd'hui nécessaire vers le Roi très chrétien ne vient nous sauver de ces trois fléaux.

A défaut d'autres raisons, le patriotisme seul devrait nous pousser vers cette solution. Mais le patriotisme, c'est aussi ce qui s'affaiblit le plus vite chez les peuples en décadence. Il diminue en raison directe du sentiment religieux.

Le principe catholique et le principe héréditaire peuvent seuls donner à la France vie et grandeur. Le schisme d'Orient détermina la chute de Constantinople, comme le Gallicanisme et le Libéralisme ont porté à la France des coups cruels et ont compromis sa fortune. Les Grecs s'écriaient alors : *Plutôt Turcs que Papistes !* Quelque temps après, leur Empire croulait, et Constantinople tombait entre les mains de Mahomet. De même les Polonais disparurent bientôt comme nation, lorsqu'ils eurent remplacé le principe héréditaire par le principe électif. L'abandon de l'unité catholique et les dissensions religieuses qui s'en suivirent furent, en effet, la véritable cause qui prépara la chute de l'empire d'Orient ; de même le principe électif, mis à la place du principe héréditaire, tua la Pologne, comme il tuera toutes les nations qui en feront l'unique fondement de leurs institutions. Chez tous les peuples, en effet, surtout dans les Républiques, les institutions qui ont duré ont été établies par un sage, et jamais par la foule. Eh bien ! étudiez l'état des esprits à cette époque, à Constantinople et en Pologne, et vous trouverez de nombreux points de ressemblance avec l'état actuel des esprits en France. Français ! quels terribles exemples !

En présence des conséquences désastreuses du principe électif et des malheurs qu'entraîne l'abandon de la foi catholique, royalistes chrétiens, groupons-nous autour du principe catholique et du principe héréditaire, restons unis pour défendre les préroga-tives de la foi et de la raison, contre tous leurs détrac-teurs. Si nous ne triomphons pas, il nous restera au moins la satisfaction d'un grand devoir accompli, et la consolation d'avoir tout fait pour éviter des désastres, dont la responsabilité pèsera sur d'autres. Affirmons qu'il n'y a pas de droit contre le droit, et que la volonté, même unanime d'un peuple, ne peut faire juste ce qui est injuste. Proclamons bien haut que le droit s'établit sur la raison, la justice, et jamais sur la volonté. La tyrannie consiste dans l'oppression du droit ; or, l'oppression est-elle moins tyrannique, lorsqu'elle est exercée par un grand nombre ?

Les Libéraux, après avoir abandonné les droits de la raison, ne proclament cependant que bien timide-ment le principe du *suffrage universel*, car il se déclare toujours contre eux. Sous prétexte de le réglémenter, ils font des lois contre lui ; mais leurs lois sont toujours impuissantes, car le peuple ne comprend l'autorité que sous deux formes : ou sous la forme la moins étendue, *le radicalisme* ; ou sous la forme de la force brutale, *le césarisme*. Radicalisme ou césarisme, tels seront toujours, en effet, les résultats du suffrage universel, laissé à lui-même, lorsqu'il est consulté sur la forme du gouvernement.

Aussi non seulement les Césars proclament le suffrage universel comme le fondement de leur gouvernement, mais ils déclarent encore faire de la volonté du peuple, de l'opinion, le guide constant de leurs actes. Ils sont, avec les radicaux, les grands logiciens du suffrage universel. Nous avons vu que, pour les Catholiques, le caractère du souverain légitime était d'être *le ministre de Dieu,* le distributeur de ses bienfaits ; que le guide de tous ses actes devait être la justice, ou, ce qui est la même chose, *la volonté de Dieu.* Les Césars, eux, n'admettent d'autre guide que *la volonté du peuple,* le caprice de l'opinion. C'est, en effet, un caractère essentiel du césarisme de chercher à plaire non à Dieu, mais au peuple. Un souverain légitime, avant d'agir, se demande si l'action est juste ; un César se demande seulement si elle plaît. Quel funeste principe ! C'est ce désir de plaire à la foule qui fit de la plupart des Césars romains les infâmes tyrans que l'on connaît. D'ailleurs, cela plaît à la foule de s'entendre appeler souveraine, et il se trouve, soyez-en bien persuadé, nombre d'imbéciles pour le croire. De plus, beaucoup de ceux qu'on est convenu d'appeler les honnêtes gens, par peur du radicalisme, donnent leur appui au césarisme. Ajoutez à cela l'audace des partisans du césarisme, et vous connaîtrez les trois principales causes de leur succès devant le suffrage universel : leur audace, la lâcheté des conservateurs et l'ignorance des masses. Cette dernière cause est sans contredit une des plus importantes. C'est ce qui fait comprendre comment, dans certaine circonscription où, en dehors de quelques fonctionnaires, il n'y a pas cinq bonapartistes indépendants et instruits, le candidat bonapartiste a pu néanmoins recueillir près de 6,000 voix.

Tout dernièrement aussi n'avons-nous pas entendu notre jeune César proclamer cette doctrine : *le plébiscite, c'est le droit.* Or, avec la fameuse maxime : *la force prime le droit*, je n'en connais aucune plus immorale. D'ailleurs, les deux maximes se ressemblent beaucoup : la seule différence, c'est que dans l'une les baïonnettes sont remplacées par des bulletins ; mais c'est toujours le droit placé dans la force. Et ce qui prouve combien, en France, les principes font défaut, c'est que cette maxime, qui est la négation des droits de la vérité éternelle, a passé presque sans contradiction.

Eh bien ! je réponds : Non, le plébiscite n'est pas le droit, car le droit est fondé sur la vérité, et la vérité est indépendante de l'opinion. Mais l'heure des plébiscites est souvent pour un peuple l'heure des grandes expiations, des grands châtiments. Avez-vous déjà oublié nos malheurs ?

Quand, au mois de mai 1870, la France, à la presque unanimité, eut approuvé la politique anti-chrétienne et anti-française de celui qui fut Napoléon III, de l'ancien carbonaro devenu César ; qu'elle eut ainsi accepté la responsabilité de cette politique funeste, le châtiment s'est-il fait attendre ? Sedan et les malheurs effroyables qui l'ont suivi sont, de l'aveu de tous, le châtiment du plébiscite de 1870, par lequel la France approuva les crimes de Napoléon contre l'Eglise Catholique. Et comme l'approbation avait été unanime, le châtiment a pesé sur la France entière.

Combien aussi ne devons-nous pas craindre que les élections anti-catholiques de 1876 (ce sont les républicains eux-mêmes qui les caractérisent ainsi) ne soient pour la France le signal de malheurs plus grands encore !

Apprenez donc qu'il y a au ciel un Dieu pour châtier les rois et les peuples prévaricateurs. Il ne se commet pas une faute qui ne reçoive son châtiment, comme il ne se fait aucune bonne action qui n'ait sa récompense ; et, comme la destinée des peuples est renfermée dans les limites de cette vie mortelle, leurs fautes ont toujours leur châtiment ici-bas, comme leurs bonnes actions y reçoivent toujours leur récompense. Quant aux hommes, bien que Dieu ait l'éternité pour les punir, ceux qui ont agi contre les intérêts de l'Eglise ou de la France, sa Fille aînée, ont presque tous commencé leur expiation dès cette vie. Rappelez-vous tous les chefs de la Révolution française : souverains et ministres, tous ont eu une fin malheureuse.

Jamais surtout Dieu ne manque de punir les souverains qui méprisent sa loi. Prenons un exemple chez le peuple de Dieu.

Lorsque les Israélites ne voulurent plus du gouvernement *de droit divin* du juste Samuël, ni de ses descendants, ils demandèrent un roi qui gouvernerait d'après *la volonté du peuple.* Samuël consulta le Seigneur, qui lui ordonna de faire connaître au peuple les droits de ce roi, choisi contre sa volonté : *Il prendra vos fils pour conduire ses chariots... Il fera de vos filles des parfumeuses, des cuisinières. Il prendra vos serviteurs, vos servantes, les jeunes gens les plus forts, avec vos ânes, pour travailler pour lui. Il lèvera de lourds impôts, et vous serez comme des esclaves. Vous crierez alors contre le souverain que vous aurez élu, mais le Seigneur ne vous écoutera pas, car c'est vous qui vous le serez choisi. (I*er* Livre des Rois.)*

Malgré ces avertissements, les Israélites persistèrent à demander un roi. Saül fut choisi. Chacun connaît le règne de ce souverain et sa ressemblance presque complète avec celui de Napoléon III. La royauté de Saül, comme celle de Napoléon III, fut soumise à l'approbation du peuple. Dans les premières années de son règne, il fut fidèle à la loi de Dieu. Il fit beaucoup de guerres heureuses et en rapporta beaucoup de butin. Le peuple accumulait des richesses et vivait dans l'opulence. Il se félicitait d'avoir repoussé Samuël et choisi Saül.

Les prêtres ne cessant de blâmer les désordres de Saül et de son peuple devinrent bientôt importuns, comme ils le sont toujours pour les hommes et les peuples licencieux. Saül les fit arrêter et en fit égorger quatre - vingt - cinq. Le peuple d'Israël, réuni, approuva les désordres et les crimes de Saül, comme le peuple français approuva par le plébiscite de 1870 la politique anti-catholique de l'empereur.

Mais le châtiment ne se fit pas attendre, et il se fit de la même manière. Les Philistins envahirent le royaume d'Israël, dispersèrent complètement les Israélites, enlevèrent leurs richesses et s'emparèrent d'une partie de leur territoire, le royaume de Juda. Saül, vaincu et abandonné des siens, chercha dans le suicide un refuge à sa douleur. Aucun de ses descendants ne régna sur Israël. Ses enfants furent tués par les Philistins ; il n'en survécut qu'un seul, Isboseth, qui lui-même eut une fin tragique.

Toute l'histoire des rois d'Israël est remplie de ces terribles enseignements. Heureux et prospères tant qu'ils suivent la loi de Dieu, ces princes sont toujours châtiés, dès qu'ils s'en écartent. Leur grandeur, comme celle de leur peuple, dépend de l'empressement qu'ils mettent à exécuter la volonté de Dieu.

La France est aussi le peuple de Dieu, la Fille aînée de son Eglise, et son histoire sous nos rois très-chrétiens a été justement appelée : *Les gestes de Dieu par les Français. Gesta Dei per Francos.* Tant que la France fut fidèle à sa mission de protéger l'Eglise, le Dieu des armées lui assura la victoire contre tous ses ennemis ; mais il lui a toujours envoyé de terribles châtiments, lorqu'elle a tourné contre l'Eglise l'épée qu'elle avait reçue pour la défendre. C'est cette pensée que le peuple a si bien exprimée dans son langage

expressif : *Quiconque mange du Pape en meurt.*
Devant cette action manifeste de la Providence sur la
destinée des peuples, les Libéraux oseront-ils encore
accuser les légitimistes français, lorsque ceux-ci
réclament la Monarchie catholique, de mêler la religion à la politique, de compromettre celle-là, sans
utilité pour celle-ci.

Sans réfuter ce qu'un pareil langage a d'impie, je
me contenterai de répondre que l'établissement d'un
gouvernement chrétien en France ne peut être qu'utile
à la cause de la religion. Certes, je sais que l'Eglise a
des promesses éternelles ; que son sort n'est pas lié à
l'existence de la Monarchie française, ni même du
peuple français. Mais j'affirme que le salut de la
France dépend de ces deux principes : le principe
héréditaire et le principe catholique.

La France trouvera dans le principe héréditaire
une cause de stabilité aujourd'hui plus nécessaire que
jamais, à raison de la confusion des esprits. Mais une
politique vraiment catholique à l'intérieur et à l'extérieur peut seule lui rendre la force au dedans et la
grandeur au dehors.

Les légitimistes français sont donc bien inspirés
lorsque, demandant la Monarchie, ils demandent
avant tout qu'elle soit Catholique. J'ose même assurer, malgré toutes les apparences contraires, qu'en
redevenant politiquement chrétienne, la France est
appelée à une grandeur qu'elle n'a pas encore connue.

Prions Dieu, qui après Saül donna à Israël un roi
tout rempli de son esprit, le saint roi David, pour

réparer les désastres du dernier règne, de donner aussi à la France un roi très chrétien, pour lui rendre sa gloire trop longtemps éclipsée. Ce roi existe. Il est l'héritier de cent rois. Dieu, dans sa miséricorde, l'a conservé à la France et lui a ainsi mis à sa portée un moyen de salut, pendant tout le temps de ses douloureuses expériences. Il est toujours prêt et n'attend que la parole de la France et l'heure de Dieu. Il conserve intact, dans les plis de son drapeau sans tache, le précieux dépôt de la foi catholique et des traditions monarchiques.

Ni les séductions des Libéraux, ni la promesse du retour sur le trône de ses ancêtres n'ont pu le faire abandonner un seul des principes confiés à sa garde, de ces principes qui ont fait la grandeur de la France dans le passé, et qui seuls peuvent encore l'assurer dans l'avenir. Au milieu de la défaillance universelle, quel noble exemple donné à tous, et quelles leçons pour les révolutionnaires de toutes sortes, qui aujourd'hui se disputent les miettes de son héritage avec une ardeur si fébrile !

Après tant de funestes expériences, après les désastres du césarisme, après Metz et Sedan, après la banqueroute aujourd'hui officiellement constatée des Catholiques Libéraux, qui n'ont pu tenir aucune de leurs pompeuses promesses, et la banqueroute non moins certaine des Révolutionnaires Libéraux, les raisons qui rendent le retour du roi nécessaire sont impérieuses. C'est pour la France une question d'existence.

Quelles raisons peut-on opposer à son retour ?

Aucune ; mais uniquement des préjugés perfidement propagés, des erreurs habilement répandues, et des illusions soigneusement entretenues parmi la foule par de cyniques ambitieux, qui ne reculent devant aucun moyen, même la démoralisation calculée du peuple, pour satisfaire leur insatiable ambition. Mais l'heure de l'expiation approche pour ces misérables. Elle suivra de près le jour de leur triomphe. La France est avertie. Que les honnêtes gens se tiennent prêts et ne perdent pas de vue pendant la tempête le seul moyen de salut qui nous reste.

Il n'y a plus d'illusion possible. Les demi-mesures, les demi-moyens sont impuissants à arrêter les progrès chaque jour plus menaçants du radicalisme et du césarisme. Tous les essais tentés en dehors de la Monarchie traditionnelle ont été et seront toujours impuissants. C'est elle qui a fait la France. Elle l'avait faite, forte au dedans, glorieuse au dehors, respectée de tous. Elle avait su lui conquérir en Europe cette prépondérance que nos révolutions lui ont fait perdre. Elle seule peut aussi, non-seulement la sauver des périls qui la menacent de toutes parts, à l'extérieur comme à l'intérieur, mais encore retrouver pour elle le chemin de la fortune. Son rétablissement ne peut donc plus être une question de parti. C'est aujourd-d'hui une œuvre nationale, à laquelle doivent travailler tous ceux qui veulent sincèrement le salut de la France.

Dinan, 19 Mars 1876.

Dr MARTIN.

Dinan : Imp. Bazouge.

www.ingramcontent.com/pod-product-compliance
Lightning Source LLC
Chambersburg PA
CBHW061621060726
47597CB00005B/1752